U0002306

有些媽媽
比你
糟糕多了

有圖有真相！我敢保證，
你絕對是個超讚媽媽！

格倫‧布贊 Glenn Boozan————著

普里西拉‧威特 Priscilla Witte————繪

陳柔含————譯

There Are Moms
Way Worse Than You
Irrefutable Proof That You Are Indeed a Fantastic Parent

高寶書版集團
gobooks.com.tw

新視野 New Window 264

有些媽媽比你糟糕多了：有圖有真相！我敢保證，你絕對是個超讚媽媽！
There Are Moms Way Worse Than You: Irrefutable Proof That You Are Indeed a Fantastic Parent

作　　者	格倫・布贊（Glenn Boozan）
繪　　者	普里西拉・威特（Priscilla Witte）
譯　　者	陳柔含
編　　輯	陳柔含
封面設計	林政嘉
內頁排版	賴姵均
企　　劃	鍾惠鈞

發 行 人	朱凱蕾
出　　版	英屬維京群島商高寶國際有限公司台灣分公司
	Global Group Holdings, Ltd.
地　　址	台北市內湖區洲子街 88 號 3 樓
網　　址	gobooks.com.tw
電　　話	(02) 27992788
電　　郵	readers@gobooks.com.tw（讀者服務部）
傳　　真	出版部 (02) 27990909　行銷部 (02) 27993088
郵政劃撥	19394552
戶　　名	英屬維京群島商高寶國際有限公司台灣分公司
發　　行	英屬維京群島商高寶國際有限公司台灣分公司
初版日期	2023 年 06 月

THERE ARE MOMS WAY WORSE THAN YOU: Irrefutable Proof That You Are Indeed a Fantastic Parent
Copyright © 2022 by Glenn Boozan
Illustrations by Priscilla Witte
Published by arrangement with Workman Publishing Co., Inc., a subsidiary of Hachette Book Group, Inc.,This Translation edition arranged with Workman Publishing Co., Inc., a subsidiary of Hachette Book Group, Inc., through BIG APPLE AGENCY, INC., LABUAN, MALAYSIA.
Traditional Chinese edition copyright:
2023 Global Group Holdings, Ltd.
All rights reserved.

國家圖書館出版品預行編目（CIP）資料

有些媽媽比你糟糕多了：有圖有真相！我敢保證，你絕對
是個超讚媽媽！/ 格倫 . 布贊 (Glenn Boozan) 著；普里西
拉 . 威特 (Priscilla Witte) 繪・陳柔含譯 -- 初版 -- 臺北市・
英屬維京群島商高寶國際有限公司臺灣分公司, 2023.06
　　面；　公分 . -- (新視野 264)

譯自 : There are moms way worse than you : irrefutable
proof that you are indeed a fantastic parent

ISBN 978-986-506-715-1(精裝)

1.CST: 母親　2.CST: 育兒　3.CST: 幽默　4.CST: 通俗作品

544.141　　　　　　　　　　　　　　112005392

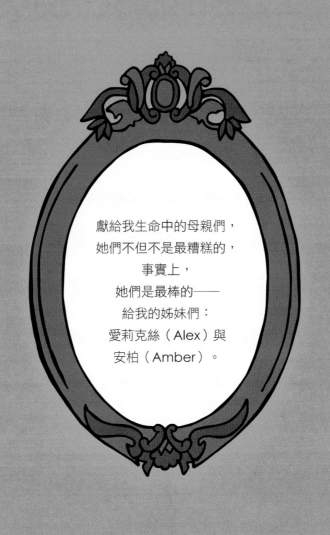

獻給我生命中的母親們，
她們不但不是最糟糕的，
事實上，
她們是最棒的──
給我的姊妹們：
愛莉克絲（Alex）與
安柏（Amber）。

恭喜你！
你有一個（或兩個）孩子了！
噢，這是多麼美好的時光。

你買了嬰兒床、嬰兒安全椅和圍兜兜，

還買了最完美的玩具。

你讀了書，做了功課，
確認你準備的東西都符合

寶寶安全標準。

即使如此，

你的腦中還是冒出擔憂：

如果這還不夠呢？

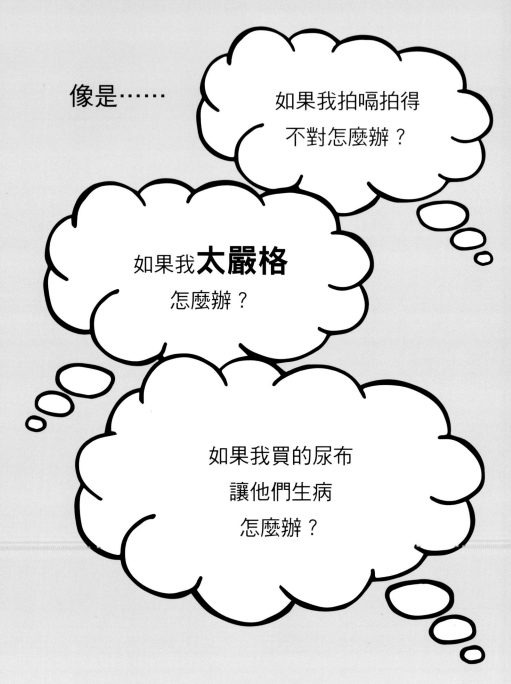

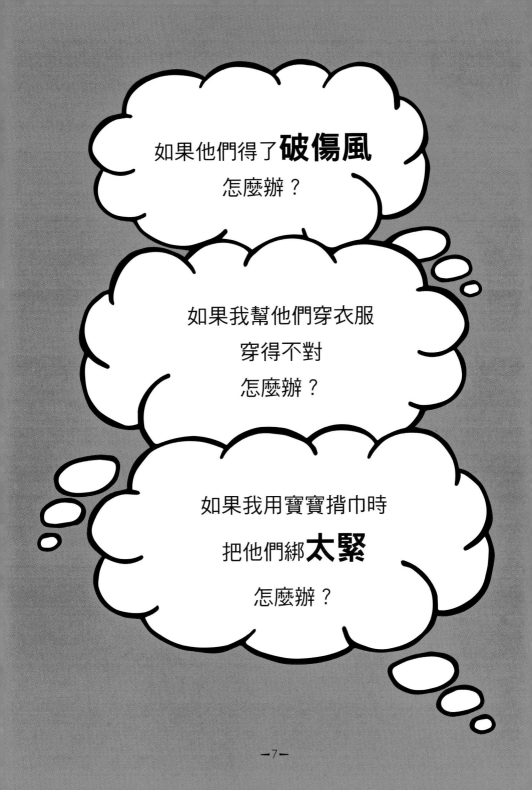

如果他們得了**破傷風**
怎麼辦？

如果我幫他們穿衣服
穿得不對
怎麼辦？

如果我用寶寶揹巾時
把他們綁**太緊**
怎麼辦？

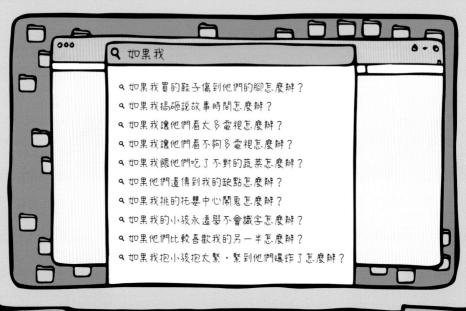

🔍 如果我

🔍 如果我買的鞋子傷到他們的腳怎麼辦？

🔍 如果我搞砸說故事時間怎麼辦？

🔍 如果我讓他們看太多電視怎麼辦？

🔍 如果我讓他們看不夠多電視怎麼辦？

🔍 如果我餵他們吃了不對的蔬菜怎麼辦？

🔍 如果他們遺傳到我的缺點怎麼辦？

🔍 如果我挑的托嬰中心鬧鬼怎麼辦？

🔍 如果我的小孩永遠學不會識字怎麼辦？

🔍 如果他們比較喜歡我的另一半怎麼辦？

🔍 如果我抱小孩抱太緊，緊到他們爆炸了怎麼辦？

「或者是，」

你的腦袋開始轉不停，

徹底大恐慌。

「如果他們失去一隻眼睛，

或更糟糕的——

他們吃的食物不是有機的怎麼辦？」

「或是，如果我沒有看好小孩，

讓他們跌下懸崖怎麼辦？」

「或是，如果我選錯幼稚園怎麼辦？

如果、如果、

如果⋯⋯？」

警告

系統超載

🔍 如果我的小孩永遠學不會識字怎麼辦？

🔍 如果他們比較喜歡我的另一半怎麼辦？

🔍 如果我抱小孩抱太緊，緊到他們爆炸了怎麼辦？

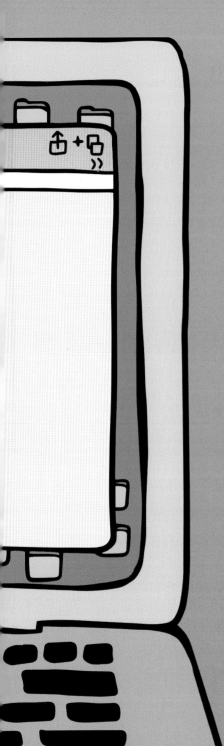

哇喔，

好的，冷靜一下。

深呼吸，**吐氣**。

你覺得自己好像

注定失敗，

這完全正常。

雖然你會犯一些大錯，

但是，請記得這個事實：

客觀來說，

有些媽媽比你糟糕**多了**。

不論你怎麼嘗試，

你都不會比**倉鼠媽媽**

更糟糕。

她們有時**會吃掉自己**

剛出生的寶寶，

我們至今還不知道為什麼。

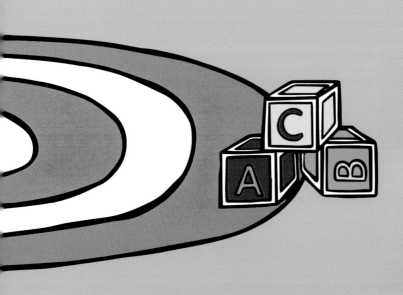

長頸鹿媽媽滿好的——

直到寶寶出生為止。

她會生下長頸鹿寶寶，

然後踢他，**踢到他學會走路。**

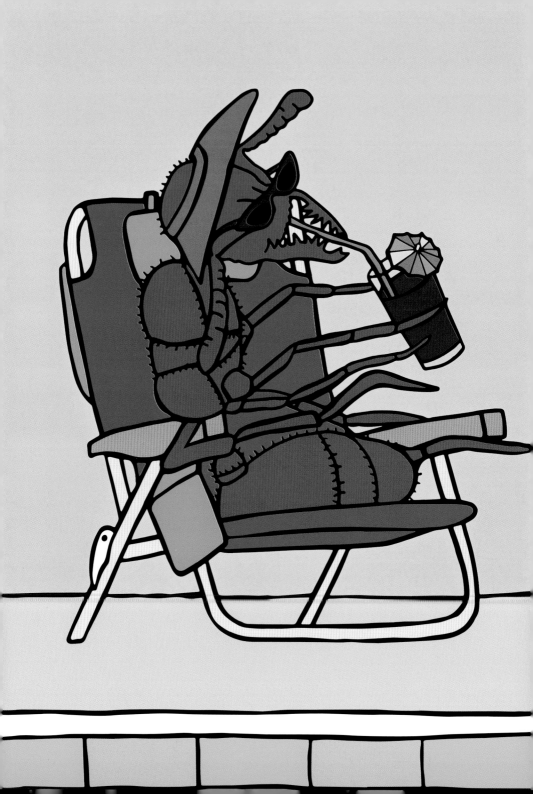

如果有人說你是

「自私的媽媽」，

讓你覺得自己很沒用，

告訴他們，

德古拉蟻

有時候**會吸自己寶寶的血**。

當你因為還沒打掃家裡而感到罪惡，

想想**埋葬蟲**，

他們在**腐爛的老鼠屍體**裡養小孩。

老鷹媽媽相信

適者生存，

她會讓她的寶寶們

打架打到死。

（多糟糕啊！）

熊貓媽媽

很完美——

除非她幸運地生了兩個孩子。

雙胞胎可不好搞，

所以熊貓**會拋棄其中一個。**

這很可怕，但是是真的！

無尾熊媽媽

會餵小孩吃她的大便當晚餐。

當你因為給小孩吃速食而愧疚，

請記得這件事。

如果你和**長尾南蜥**站在一起，

你看起來就像全世界最棒的媽媽。

當情況變得棘手，

他們會吃掉自己的蛋，

省得麻煩。

當**短尾矮袋鼠媽媽**在野外遇上澳洲野犬，

猜猜看她會怎麼逃跑？

沒錯——

她會把小孩**扔到一邊**。

至少你不是

杜鵑媽媽。

老天鵝，這賤人可無恥了。

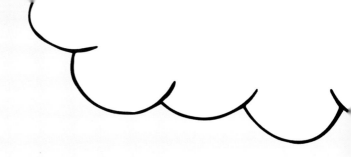

她把**自己的蛋**藏在別人的巢裡，

這樣就不必養小孩了。

豎琴海豹？

噢，他們可愛到爆。

但說到當媽媽，她們可嚇人了。

生完小孩兩星期，

她們就像閃電一樣**閃人了**。

事實上，
很多新手媽媽都會搞失蹤：

兔子、黑熊、蛇和蜥蜴，
綿羊、鳥，還有貓。

金斑鴴

不會假裝自己在乎。

產後一個月，

即刻入座**夏威夷航空**頭等艙。

糟糕的不只是媽媽，

有些爸爸也很糟！

不是每個爸爸都很溫暖又愛抱抱。

如果**海龍魚爸爸**

覺得小孩長得很醜，

他會吃了他們。

馬看起來像很棒的爸爸，

但是，呃，

他們不是最棒的。

他們會威脅
別家的小馬，
把他們
直接踢死。

箭毒蛙爸爸不算太糟，

但也好不到哪去。

為了不讓卵乾掉，

他有時候會直接**尿上去**。

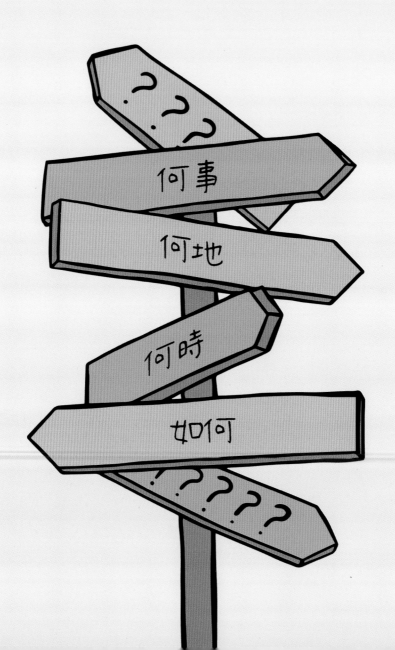

所以，如果你累癱了，

事情多到忙不過來，

只要你不會吃了你的寶寶，

沒錯，

你已經做得很棒了。

養小孩就是一團亂，

沒有理想的路可走。

就像所有值得一做的事情一樣，

當媽媽會**把你整得慘兮兮**。

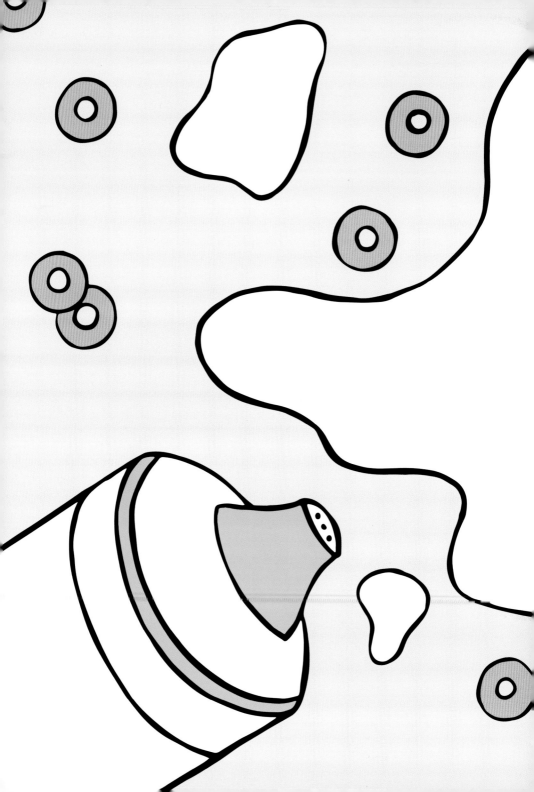

當**恐慌**出現，

壓力開始上升，

請記得**你正在努力了**，

這才是最重要的。

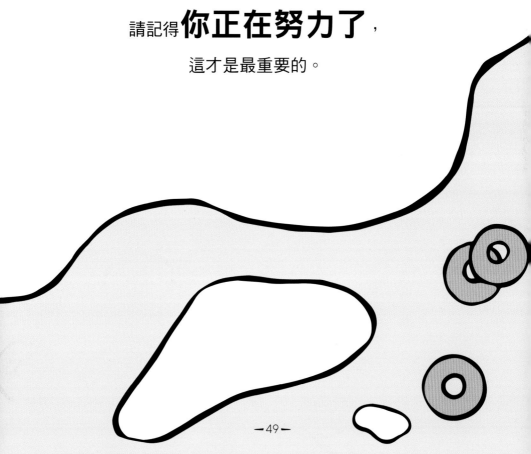

雖然人們可能會發表高見，

或以自己的立場批判，

但「**完美媽媽**」這個概念完全就是個屁。

讓我們讚揚「**沒那麼棒**」和

「**希望當時能做得更好**」吧！

盡情享受你們一同擁有的普通家庭時光吧！

就算你手滑

摔到小孩，

或「不小心」罵出髒話，

只要記住，

說到當媽媽這件事……

附錄

牠們也許看起來像大自然裡最罪大惡極的動物爸媽，但如果看得更仔細一點，你會發現，牠們其實就和我們一樣，已經盡力做到最好了。

倉鼠

倉鼠媽媽可能是動物王國裡最沒沒無聞的糟糕媽媽。人們已知倉鼠媽媽會在生產後短時間內吃掉自己的寶寶。專家仍然不知道牠們同類相食的確切原因。然而有一項研究指出，這可能和大量食用玉米造成缺乏維他命B有關。其他理論則認為是因為壓力、缺乏食物、窩的大小，或是倉鼠寶寶被觸碰過後沾上陌生氣味，這可能讓倉鼠媽媽認不出自己的小孩。

長頸鹿

長頸鹿媽媽是站著生產的，所以長頸鹿寶寶的一生就由從二‧五公尺高的空中墜落地面開始。牠在大約三十分鐘後就學會站立，然後學會走個幾步。如果長頸鹿媽媽覺得寶寶進步得太慢，牠會給新生兒一點「鼓勵」——踢牠的腿，直到牠能自己走路。就像動物王國的其他家長一樣，長頸鹿這種行為是為了生存——大約一半的長頸鹿寶寶會被獵食者吃掉，所以長頸鹿媽媽有這種保護本能滿合理的。

德古拉蟻

德古拉蟻后可沒辦法為同類相食找藉口，缺乏食物時，牠們會以幼蟲為食。在比較大的蟻群裡，即使有足夠的食物，蟻后也會特地喝幼蟲的血（或說血淋巴）。牠會挑一個受害者，通常處於最後變態階段（因此最有營養），然後用大

顎刺傷幼蟲，喝牠的血，就像在喝一杯恐怖奶昔。雖然這個過程不會殺死幼蟲，但仍會在牠身上留下可見的傷痕。科學家認為，德古拉蟻后偏好這種進食形態，是因為這樣更節能——幼蟲體內的預解營養比一般食物更好吸收。

埋葬蟲

埋葬蟲真的是在動物屍體裡養小孩。牠使用特殊的觸角嗅出小動物屍體的位置，通常是老鼠或是鳥。在把屍體埋起來，免於獵食者侵害之前，埋葬蟲會清理屍體，然後在上面塗抹口部和肛門的分泌物（對，你沒看錯），防止屍體腐爛。雌埋葬蟲在土裡產卵，當卵孵化後，牠們會把幼蟲全部搬進屍體裡。如果屍體太小，塞不下所有的幼蟲，埋葬蟲媽媽會殺掉幾隻蟲寶寶，騰出空間來。

老鷹

老鷹媽媽真的會允許幼鷹手足相殘，雖然可能沒有像某些報導所說的那麼常見。當幼鷹相殘時，巢裡第一隻孵化的幼鷹通常就是進行侵略的那一個。牠會向較年幼的弟弟妹妹宣戰（老鷹通常會生兩顆蛋），把牠趕去巢的邊緣，這樣就不需要分享媽媽的關注和資源。有些研究指出，手足相殘可能是因為父母疏忽。如果老鷹媽媽帶回夠兩隻幼鷹吃的食物，也許可以避免這種情況。

熊貓

熊貓一開始不太知道如何當個好父母。不幸的是，當母熊貓終於知道怎麼當媽媽，熊貓爸爸就缺席了，甚至沒見過自己的小孩。即使只有一個小孩

要照顧，熊貓媽媽也經常讓寶寶營養不良（熊貓媽媽經常無法從竹子攝取到足夠的營養，所以無法分泌足夠的母乳），或是在哺乳時不小心壓傷寶寶。如果熊貓媽媽生了雙胞胎，牠可能會負擔不了，最後拋棄比較虛弱的那一個。不過，就算是在圈養環境中，有一大群動物學家看顧，比較虛弱的熊貓寶寶有時候也無法存活。

無尾熊

無尾熊寶寶和大部分有袋動物一樣，從喝媽媽的母乳開始。大約六個月後，無尾熊寶寶會本能地低頭蹭媽媽的屁股，吃牠的便便。為什麼呢？因為新鮮的尤加利葉對無尾熊寶寶的腸胃而言毒性太強了，而無尾熊媽媽的消化過程不僅會消除尤加利葉的毒素，還富含有益的營養。（下次你因為給小孩吃冷掉的披薩當早餐而感到愧疚時，可以好好記住這件事：無尾熊吃的第一樣固體食物，是媽媽的排泄物。）

長尾南蜥

親代撫育在爬蟲類的世界中很稀有，所以長尾南蜥的親子殘食行為就沒那麼讓人訝異了。不過，不同之處在於：大部分蜥蜴在產卵後很快就會拋棄自己的巢，長尾南蜥產卵後則會繼續留守，預防獵食者，直到牠覺得太過危險。如果有蛇多次威脅到牠的巢，牠就會吃掉自己的蛋，也不願讓蛇吃掉。科學家提出假設，長尾南蜥吃掉蛋是為了攝取營養，讓自己有力氣，才不會成為蛇的下一餐。

短尾矮袋鼠

好啦……好啦……短尾矮袋鼠媽媽不是真的把寶寶「丟」出去，但牠們也沒有把寶寶抓

緊。當短尾矮袋鼠媽媽的育兒袋裡裝著小袋鼠，發現有獵食者在追他們時，牠會用聲東擊西當作逃跑計畫的一部分：牠會放鬆育兒袋的肌肉，讓小袋鼠掉到地上。美味的小袋鼠會讓獵食者分心，袋鼠媽媽就能安全逃走，期望能再次生育。

杜鵑

歐洲大杜鵑是知名的寄生「鳥」，是那種騙別人幫忙養小孩的動物。杜鵑媽媽找到其他鳥巢時，會偷偷摸摸地把自己的蛋放進去，然後飛離犯罪現場好幾公里。那些鳥媽媽便毫不猜疑地接受陌生的新蛋，並照顧它。杜鵑寶寶孵化後，甚至有可能殺掉鳥巢裡的「原住鳥」寶寶，以確保自己得到最多資源。杜鵑蛋的蛋殼通常都比較厚（杜鵑媽媽有時候會把蛋丟向鳥巢，砸碎一顆「房東」的蛋，或是好幾顆），顏色也比較

深，這樣就能融入鳥巢的陰影中。

豎琴海豹

豎琴海豹媽媽一開始看起來很用心。牠們會哺餵、疼愛新生小海豹十二天，然後就消失去再次交配，把脆弱無助、無法餵飽自己的海豹寶寶丟在冰郊野外。接下來，海豹寶寶就會挨餓好幾個星期，體重掉一半。最後，牠們學會游泳和自己打獵，但只有70%的小海豹能在出生後的第一年存活下來。（嘿，至少牠們去心理諮商時有話能說。）

金斑鴴

在交配季節，阿拉斯加西部的金斑鴴會生下四顆蛋，大約在一個月後孵化。一旦蛋孵化，金斑鴴爸媽就會拋棄寶寶，開始距離四千八百公里、耗時五十小時的旅途，飛往夏威夷（在所有鳥類中，牠們的遷徙距離是最

長的)。被丟下的金斑鴴寶寶就得自己看著辦了。

海龍魚

海龍魚是海馬的親戚,但牠們不像海馬一樣有「好爸爸」的名聲。海龍魚爸爸擔起懷孕的重任,把卵放在體內,直到它們準備好被噴射式生產。為了區分強壯與虛弱的卵,牠會限制育兒囊中的營養,讓比較健康的卵得到所有食物。接著牠會吸收剩下(比較虛弱)的卵。牠「吃掉」的數量不一,但如果牠當初交配的雌海龍魚比較虛弱或「缺乏吸引力」,牠就會比其他海龍魚吸收更多的卵。

馬

公馬很美麗,但牠們有時候曾謀殺其他馬的小孩(尤其是公小馬),這也是真的。有些動物也會做一樣的事,包括斑馬、獅子、松鼠和海獅,所以這在動物王國裡並不稀奇。科學家認為牠們這樣做是為了爭奪資源(像食物或未來的交配對象)。在少數情況下,如果公馬認為牠的其中一匹母馬是和其他公馬交配而懷孕的(即使牠不是百分之百確定),牠就會發動攻擊,試圖殺死小馬。以科學角度來說,牠這麼做是因為不想浪費時間和精力照顧別人的小孩。

草莓箭毒蛙

蛙類通常都不是好父母,所以草莓箭毒蛙如果付出任何一點努力,都已經是奇蹟了。迷你蛙媽媽在雨林接近地面的葉子上產下一批卵後,就輪到蛙爸爸來保護它們了,牠會確保這些卵不會乾掉或被獵食者吃掉。為了讓卵保持潮濕,雄箭毒蛙會透過泄殖腔(兩棲爬蟲類的肛門加尿道組合構造)供給水分,直到它們孵化為蝌蚪。

致謝

　　首先，我發自內心感激讓這本書誕生的人們：布蘭迪·鮑爾斯（Brandi Bowles）和雷格·泰格曼（Reg Tigerman）。你們兩位是超強夢幻隊伍。

　　感謝普里西拉·威特（Priscilla Witte），與你合作的經歷就像你的作品一樣——是百分百的樂趣。

　　感謝Workman團隊的蕾·安·斯皮岑貝格（Rae Ann Spitzenberger）、莎拉·柯利（Sarah Curley），我還要特別感謝梅根·尼古拉（Megan Nicolay），我對你犀利的見解與指引非常感激。我中了「編輯樂透」的大獎！

　　最後，我要感謝我的家人：我的媽媽、爸爸、蓋吉（Gagey）、理察（Richard）、荷莉（Holly）、布贊一家（the Boozans）、雪曼一家（the Shermans），以及約翰（John）。我很幸運能在人生中遇見你們。

作者簡介

格倫‧布贊（GLENN BOOZAN）

格倫是一位獲得美國編劇工會獎與艾美獎
提名的喜劇作家，曾為《康納秀》、《與大
衛史派德一起熄燈》、莎拉‧席爾曼的脱口
秀節目《我愛你，美國》，以及《亞當毀三
觀》擔任寫手。她住在洛杉磯，開車到她媽
媽家只要三十分鐘，但顯然還是太遠了。

繪者簡介

普里西拉‧威特（PRISCILLA WITTE）

普里西拉是一位居住在洛杉磯的插畫家和壁
畫家。她的工作讓她從俄羅斯的黑海旅行到
峇里島沿岸的海灘。她的客戶包括華納音樂、
美泰兒（芭比娃娃）和Google。

她最新的壁畫創作位於洛杉磯市中心，介於
傑夫‧昆斯和村上隆的作品之間。三件作品擺在一起，
就像個美味三明治。